AF495293

8711

LE
DROIT AU TRAVAIL

AVEC

SON ORGANISATION PRATIQUE

PAR

M. DELEUZE

CHEF D'INSTITUTION.

> Les secours publics sont une dette sacrée; la société doit la subsistance aux citoyens malheureux, soit en leur procurant du travail, soit en assurant les moyens d'exister à ceux qui sont hors d'état de travailler.
>
> *(Article 21 de la Déclaration des droits de l'homme et du citoyen. Constitution de 93.)*

A MM. LES REPRÉSENTANTS DU PEUPLE.

Lb 54 2161

PARIS
CHEZ LÉVY, PLACE DE LA BOURSE, 13.
ET DELAUNAY, AU PALAIS NATIONAL.

—

1848

LE

DROIT AU TRAVAIL

AVEC

SON ORGANISATION PRATIQUE,

PAR

M. DELEUZE,

CHEF D'INSTITUTION.

BIBLIOTHÈQUE NATIONALE IMPRIMÉS R.F.

A MM. LES REPRÉSENTANTS DU PEUPLE.

CITOYENS,

Au moment où vous allez, par votre vote, fonder la constitution sociale et politique du peuple français, permettez-moi de soumettre à votre appréciation quelques réflexions sur les articles qui doivent en former la base principale, à savoir, *la liberté de la presse*, *la gratuité de l'enseignement* et *le droit au travail*, trilogie qui, dans chacun des caractères qui la composent, offre à peu près la garantie de tous les droits commandés par notre belle devise républicaine : Liberté, Égalité, Fraternité.

En effet, la liberté de la presse émane de la Liberté, la gratuité de l'Égalité, et le droit au travail de la Fraternité.

Le droit au travail, par son caractère de fraternité, me paraissant de tous les droits le plus essentiel pour la constitution d'une République, c'est le premier sujet que j'aborderai ; c'est d'ailleurs la question qui soulèvera le plus de dissidences dans l'Assemblée nationale, celle dont la solution donnera aux opinions une couleur plus tranchée ; car il s'agit de savoir si l'État doit, oui ou non, donner du travail à ceux qui en manquent, c'est-à-dire si la faiblesse sera abandonnée à son impuissant isolement ; en d'autres termes, si le caractère de fraternité sera admis ou rejeté dans notre République.

Mais, avant de marcher directement à la solution de cette question, essayons, par des considérations générales puisées dans l'importance du travail, de démontrer que tous les États, dans l'intérêt de leur bonheur, doivent asseoir la base de leur prospérité sur la production agricole et industrielle. Prouvons que, par son influence féconde sur la prospérité du pays, par son action puissante sur l'ordre social et la morale publique, le travail est la base fondamentale sur laquelle repose l'édifice social, et il nous sera facile ensuite d'en déduire les conséquences nécessaires à notre conclusion.

Définissons d'abord le mot *travail* et le mot *capital*, qui ne sont pas toujours pris dans leur véritable acception.

Les socialistes ont l'habitude de diviser les membres de la société en travailleurs et en capitalistes ; mais si nous prenons dans sa véritable acception le mot travail, qui signifie : efforts de corps et d'esprit pour arriver à un but, il est bien évident que tous les membres de la société seront alors des travailleurs, et que nous aurons les travailleurs agricoles, les travailleurs industriels et les travailleurs capitalistes ; qu'il n'y aura entre eux d'autre différence que la nature et l'utilité de leur travail. Ainsi, le travail de l'agriculteur sera le plus utile, comme produisant les objets les plus nécessaires à l'existence ; ensuite viendra le travail de l'industriel, moins utile, puisqu'il ne contribue qu'au bien-être et aux agréments de la vie ; et enfin, le travail du capitaliste, qu'on pourrait supprimer comme le moins nécessaire, puisqu'il ne contribue qu'à faciliter les transactions sociales, et que les fonctions qu'il remplit pourraient être opérées par les deux autres classes de travailleurs. En effet, un État uniquement composé d'agriculteurs et d'industriels pourrait vivre éternellement, tandis qu'un État uniquement composé de capitalistes ne vivrait pas deux jours et périrait infailliblement de misère.

Il en est de même du mot capital, qu'on confond ordinairement avec le signe qui le représente. Le véritable capital consiste dans les productions du travail agricole et industriel, tandis que l'autre capital n'en est que le signe représentatif. Dans le premier, qu'on pourrait appeler capital intrinsèque, se résume la richesse nationale; le second, qui serait alors le capital extrinsèque, n'a qu'une valeur nominale, fictive et de convention, subordonné, à la vérité, aux vicissitudes du premier, mais, par son resserrement, exerçant, dans certaines circonstances, sur l'harmonie sociale, une influence si puissante, qu'un Etat, quelle que soit sa richesse territoriale, peut être tout à coup plongé dans la plus grande détresse, si une altération dans le crédit vient tout à coup arrêter les affaires et suspendre la consommation. Telle a été la cause de la situation où nous nous trouvons. Les productions agricoles ont été bien abondantes cette année, et cependant la France souffre infiniment de la suspension des produits industriels; qu'on juge de nos souffrances si, à l'absence de la consommation des produits industriels, était venue se joindre, comme en 1847, l'absence des produits agricoles; notre situation n'eût-elle pas été cent fois pire? Et cependant ce ne sont pas les capitaux qui manquent, mais ils sont resserrés.

Mais en voilà assez sur le capital; nous y reviendrons en parlant de l'organisation du travail, et de son influence sur l'ordre social et sur la morale publique.

De ce qui précède il résulte que des trois classes de travailleurs dont se compose la société, les travailleurs agricoles et les travailleurs industriels sont les seuls utiles, comme les seuls qui contribuent à la création de la richesse nationale; et cela est si vrai, qu'un Etat, quelle que fût sa richesse en numéraire, eût-il à sa disposition toutes les mines de Potosi, se trouverait bientôt complétement ruiné s'il renonçait tout à coup aux bienfaits de l'agriculture; il verrait chaque jour passer à l'étranger son capital de convention, et bientôt, ne lui restant plus rien, il mourrait de misère et de faim. C'est ce qui explique la décadence de certains

Etats qui, après avoir jeté un grand éclat dans le monde, sont descendus au dernier degré de l'échelle des peuples. Pourquoi l'Espagne, malgré les mines du Pérou et ses riches gallions, l'Espagne, si opulente, si riche sous Charles-Quint et sous Philippe II, se trouve-t-elle aujourd'hui si pauvre et si faible? C'est que l'Espagne, comptant sur sa richesse fictive, a détourné les yeux de la richesse réelle; c'est que l'Espagne a négligé l'agriculture.

Ainsi donc c'est l'agriculture qui est la mère nourricière des nations; c'est du travail agricole et industriel que découlent, comme d'une corne d'abondance, les sources de la prospérité nationale.

Il est donc de la dernière importance pour un pays de donner tous ses soins à l'agriculture, d'augmenter autant que possible ses productions agricoles et industrielles; car, en économie politique comme en économie privée, le premier, le plus important de tous les préceptes, c'est d'augmenter les instruments de produit pour augmenter les éléments de prospérité; c'est de féconder la terre, cette mère du genre humain, pour la forcer de répandre sur ses enfants les trésors qu'elle cache dans son sein.

Maintenant que nous avons prouvé qu'un travail fécond était le plus grand véhicule de la richesse nationale, prouvons que ce travail, s'il est bien organisé, exercera la plus haute influence sur l'ordre social et la morale publique.

En toute chose, l'ordre vient de l'harmonie; l'harmonie, de la proportion et de la disposition des parties qui entrent dans la composition d'un corps. C'est ainsi que dans un composé chimique, pour qu'il y ait combinaison, il faut qu'il y ait d'abord proportion, ensuite arrangement dans les parties; il en est de même d'un corps social : composé d'éléments hétérogènes, comme les éléments qui régissent ce monde, pour qu'il y ait combinaison ou si vous voulez mieux harmonie, il faut qu'il y ait proportion et arrangement dans ses parties. Or les parties du corps social se composent d'agriculteurs, d'industriels et de capitalistes; il faut, pour qu'il y ait harmonie dans le corps social, qu'il y ait combinaison entre ces trois classes, c'est-à-dire proportion et accord entre leur production et leur consommation. Eh bien, c'est ce qui n'arrivera pas, s'il en est autrement. En effet, supposons que sur les trois classes du corps social, celui des agriculteurs ne produise pas suffisamment pour nourrir les deux autres, qu'en résultera-t-il? une élévation dans le prix des produits agricoles, une détérioration dans la valeur du capital fictif, et enfin, sur sa masse, une diminution égale à la somme des importations nécessaires pour combler le déficit des produits agricoles; maintenant, supposons que ce déficit puisse être couvert par le produit des importations industrielles, il y aura équilibre à la vérité; mais dans certaines circonstances données, une guerre, une perturbation, une disette dans les pays étrangers, en paralysant cette ressource, plongeront l'État dans le désordre et la misère.

Supposons encore, car on peut supposer de mille manières l'organisation d'un corps social (et ce serait ici le cas de chercher, entre les différents systèmes de socialisme, quel serait le meilleur, ce que je ferai peut-être plus tard), supposons, dis-je, dans le cas précédent, que la classe des industriels eût pris un développement bien au-delà des proportions des autres classes et des besoins de la société, qu'en résulterait-il encore pour l'État?

Le voici: tant que les produits trouveraient un débouché à l'intérieur et à l'extérieur, prospérité, accroissement dans le luxe et dans la masse du capital fictif; mais aussi chomage et misère pour la classe industrielle, si, à la suite d'une crise et d'une interruption dans le crédit, la consommation arrêtée venait suspendre le débouché des produits industriels. Telle était la situation de notre belle France avant la révolution de février; telle a été la cause de la crise qui nous écrase, et qui ne verra sa fin que lorsque la consommation intérieure et l'exportation seront venues absorber le trop plein qui nous étouffe, et aura donné à la production cette force et cette activité qui lui manquent. Mais comment se fait-il, me dira-t-on, qu'au milieu de l'abondance des produits agricoles, nous ayons vu chaque jour s'accroître notre misère, sans en pouvoir deviner le terme? N'était-il pas des moyens pour arrêter une crise aussi funeste, ou du moins pour en atténuer les effets désastreux? Oui, sans doute, il en était; et ici, malgré les vives sympathies que j'éprouve pour MM. les membres du Gouvernement provisoire, malgré le brûlant patriotisme et les hautes lumières qui les recommandent, je me vois forcé de convenir qu'ils ont dévié dans la route qu'ils suivaient. Préoccupés des besoins de l'organisation politique, ils n'ont pas assez bien étudié les besoins de l'organisation sociale; ils n'ont pas vu là où était le mal, ils ne pouvaient pas en connaître le remède. Ce n'est pas en réunissant les ouvriers dans les ateliers nationaux qu'ils pouvaient arrêter la crise naissante: c'est en courant au secours de l'industrie éperdue; ce n'est pas en laissant agglomérer dans la capitale les existences de toute espèce qu'ils pouvaient maintenir l'ordre et ramener la confiance: c'est en disséminant dans les campagnes, en déversant sur l'industrie agricole le trop plein de l'industrie professionnelle; et c'est ce que l'Assemblée nationale a fort bien compris, lorsqu'elle a tourné ses regards sur l'agriculture, lorsqu'elle a dirigé et qu'elle dirige encore vers les champs les bras inutiles qui encombrent nos villes.

Mais arrêtons-nous dans ces considérations, qui, après tout et malgré cette improbation, ne nous amèneraient pas moins à conclure que le Gouvernement provisoire a bien pu se tromper, mais que, par son dévouement et son courage, il a bien mérité de la patrie, ainsi que, dans sa sagesse, l'a décrété l'Assemblée national, et revenons à notre sujet.

Considéré sous le rapport de l'organisation du travail, l'ordre social résulte donc du plus ou du moins d'harmonie qui existe entre les trois classes de la société, et cette harmonie, du plus ou du moins d'accord qui entre dans la proportion de la mesure de leur production et de leur consommation.

C'est au chef de l'État à pondérer le degré d'influence de

chacune de ces classes, pour les maintenir, dans leur pivotement, constamment en harmonie, et les faire toujours graviter autour de l'ordre social; mais surtout, de même qu'un capitaine de vaisseau, pour empêcher l'eau de pénétrer dans son navire, est toujours prêt à boucher les trous que peuvent y faire les boulets ennemis, de même le chef de l'État, pour empêcher l'anarchie de pénétrer dans l'organisation du travail, doit avoir toujours sous la main des moyens sûrs et puissants; surtout, c'est le chômage qu'il doit chercher à prévenir comme la source de tout le mal.

Quant à l'ordre public, il découle nécessairement de l'ordre social, avec cette différence que l'ordre social agit sur la masse du corps, tandis que l'ordre public n'agit que sur les parties; ce qui nous porte à reconnaître que le désordre public, quand il ne résulte pas de l'anarchie dans les idées, résulte toujours de l'anarchie dans le travail.

C'est donc au travail, au travail bien organisé, que nous devons demander, outre cette prospérité qui assure le bonheur d'un État, cette harmonie, cet ordre qui en constitue la force et la durée; c'est au travail que nous devons réclamer ces progrès, ces exemples du bien, cette morale en action, qui, en poliçant un peuple, en relèvent la gloire et le placent au plus haut degré de la civilisation humaine. Avec le travail, ordre, union, force, morale, grandeur, richesse et bonheur; sans le travail, désordre, émeutes, collision, misère et destruction.

Organisons donc le travail.

Après avoir décrété les droits, décrétez les devoirs de chaque citoyen. Une république est une grande société d'homme réunis dans un intérêt commun. Chaque membre doit à la societé le concours de ses efforts. Décrétez que chaque membre, dans l'intérêt commun, sera obligé de payer à la société son tribut de travail, et vous verrez bientôt disparaître ces plaies sociales qui sont la honte de l'humanité; décrétez l'obligation au travail pour les valides, et l'assistance pour les vieillards et les infirmes; faites ensuite des lois organiques qui règlementent ces droits; créez un système pénitentiaire qui ramène les hommes au bien au lieu de les porter au mal ; secondez les efforts des faibles et des pauvres ; occupez-vous de leur bien-être, et vous verrez bientôt la misère des basses classes disparaître devant les bienfaits du travail. Vos yeux ne seront plus frappés du triste spectacle qui vient les affliger chaque jour. La mendicité disparaîtra ; le vol ne viendra plus nous effrayer de sa criminelle audace ; la France ne sera plus sillonnée par cette bande de forçats libérés ou d'hommes en surveillance qui, dans leur oisiveté forcée, se voient obligés de demander au vol ou au brigandage les moyens d'existence que leur refuse le travail. Nos villes, purgées de cette écume d'hommes ignobles qui vivent sur les faiblesses ou sur les passions des autres, ne verront plus cet affligeant tableau de jeunes gens qui, après avoir consommé leur jeunesse et leur patrimoine au milieu de plaisirs frivoles, luttent quelque temps entre le devoir et la honte, et finissent par embrasser la carrière du crime. Organisez, enfin, le travail, facilitez au pauvre les moyens de se créer un petit avoir, et vous n'aurez plus à craindre ces émeutes qui tuent le crédit, ni ces collisions sanglantes qui brisent les forces d'un peuple ; car chacun, se trouvant intéressé à la conservation de sa petite propriété, se verra également intéressé au maintien de l'ordre public. C'est une vérité qui trouve sa preuve dans la conduite des ouvriers dépositaires à la Caisse d'épargne. En a-t-on vu beaucoup faire partie des insurgés ? Non. C'est parce qu'ils étaient intéressés au maintien de l'ordre. Eh bien ! faites délivrer cinquante mille livrets de la Caisse d'épargne aux ouvriers les plus pauvres de la capitale, avec seulement une première mise de fonds de dix francs, et défense de les retirer avant trois mois, et vous aurez enlevé cinquante mille bras à l'émeute, et cinquante mille bras des plus dangereux. Tels seront les bienfaits du travail, tels seront les fruits de vos efforts.

Nous venons de prouver que par son action puissante sur la richesse du pays, par son influence sur l'ordre public et la morale. le travail était la base fondamentale de l'édifice social ;

Que le travail était par conséquent, pour un peuple, la première condition de son bonheur;

Que, pour en augmenter la somme, il devait augmenter la somme de ses travailleurs;

Que chaque membre de la société devait à l'État le concours de ses efforts ;

Et qu'enfin l'État, dans l'intérêt de tous, devait décréter pour tous l'obligation au travail.

Entrons maintenant dans le fond de la question, et cherchons à prouver logiquement que cette obligation réciproque entre l'État et chaque membre de la société doit être convertie en droit réciproque et consacrée dans le pacte social.

En effet, une obligation implique nécessairement l'idée d'un droit chez celui qui oblige.

Or, si chaque membre de la société est dans l'obligation de travailler dans l'intérêt de tous, l'État a donc le droit de l'y obliger ; et réciproquement, si l'État est dans l'obligation de veiller au bonheur de tous en général et de chacun en particulier, par le travail, chaque membre qui en manque a donc le droit de l'y obliger : c'est logique. L'État ne peut donc refuser le droit au travail, et ce droit est fondé sur la justice.

Organisation du travail.

Voilà le principe établi ; le bonheur de la France commande l'exercice de ce droit.

Voyons maintenant par quel mode d'application l'État pourra arriver aux heureux résultats que nous signalons.

D'abord, pour détruire l'impression défavorable qu'on se fait des difficultés pratiques, je dois dire que ces difficultés sont plutôt dans l'imagination ou dans le mauvais vouloir que dans la réalité, et que l'État, avec une forte volonté, peut arriver à des résultats sinon complets, du moins très-satisfaisants.

Ensuite il aura le droit de faire apprécier les demandes par le Conseil des prud'hommes ou par toute autre commission *ad hoc* ; enfin, il sera pourvu par une loi organique à ce que, dans aucune circonstance, la demande de ce droit ne puisse être l'occasion d'aucun conflit. Mais si nous en jugeons par le caractère de l'homme, porté dans son égoïsme à tenter tous les moyens pour améliorer son bien-être ; si nous suivons dans sa marche la société humaine, tendant toujours à s'aristocratiser, nous verrons que ce droit ne sera invoqué que par association, ou dans les moments de crise, ou par cette classe d'hommes qui, victimes de leur paresse ou de leurs passions, sont tombés au dernier degré de l'échelle sociale, et alors c'est dans la mesure de la position qu'ils se seront faite que ce droit pourra être invoqué.

Maintenant quelles mesures doit prendre d'abord le Gouvernement pour satisfaire aux demandes de travail ?

Il doit, pour ce qui regarde les travailleurs agricoles, leur trouver de l'occupation dans l'exploitation des biens communaux, dans l'entretien ou dans la création des chemins vicinaux, dans les fermes modèles ; enfin, dans tous les travaux ordonnés dans l'intérêt de l'agriculture ; et comme on dit, et avec raison, que les bras manquent à l'agriculture, les utiliser tous sera le devoir du Gouvernement. Voilà pour les ouvriers agricoles.

Quant aux ouvriers industriels, l'État, dans les grands centres de population, fera construire, selon les besoins de la localité, un ou plusieurs ateliers de travail, pour y recevoir les ouvriers de toute espèce que le besoin ou le chomage jettera dans la rue ; il leur fournira la matière première et ne les laissera jamais manquer d'ouvrage. Il va sans dire qu'il n'y aura de reçus dans ces ateliers que les ouvriers de la localité, et qu'ils travailleront tous à la tâche. Voilà une première mesure contre le chomage. La question se réduit maintenant, pour l'État qui se fait manufacturier, à trouver le moyen de donner un débouché à ses produits, d'abord sans éprouver de perte, ensuite et surtout sans faire concurrence à l'industrie privée ; car ce serait la tuer, au lieu de venir à son secours, et d'un autre côté ce serait s'imposer des sacrifices au-dessus de ses forces.

Si nous trouvions donc une combinaison au moyen de laquelle, en venant au secours des ouvriers, l'État ne fît non-seulement aucune concurrence à l'industrie privée, mais encore vînt la seconder, le problème serait résolu, et le droit au travail ne serait plus contesté par de prétendues impossibilités d'application.

Eh bien, ce problème, nous l'avons résolu au moyen des principes suivants :

1° Les intérêts des ateliers de travail seront toujours subordonnés aux intérêts de l'industrie privée, sans néanmoins aucun préjudice pour l'État.

2° L'État, dans aucune circonstance, ne fera aucune concurrence à l'industrie privée ni dans le prix de confection, c'est-à-dire dans les salaires, ni dans le prix de consommation, c'est-à-dire dans la vente; et pour arriver à ces heureux résultats, voici la marche que tiendra l'État.

Il paiera ses ouvriers les 2/3 ou les 2/5 du prix ordinaire de l'industrie privée, ce qui les portera constamment à sortir de ces ateliers publics pour chercher ailleurs une position meilleure. Il n'y aura donc pas concurrence dans les salaires; du moins, ce ne sera pas pour nuire à l'industrie.

D'un autre côté, il vendra ses produits, non pas au public, comme les autres producteurs, mais à l'industrie seule, aux fabricants, aux manufacturiers, qui viendront les acheter eux-mêmes, car ils y auront intérêt; il n'y aura donc pas concurrence dans le prix de vente.

Maintenant, pour comprendre comment cette combinaison pourra s'opérer avec avantage d'un côté, sans préjudice de l'autre, il faut se rappeler que l'État faisant sur le prix de confection un bénéfice de 2/3 ou 2/5, en pourra faire le sacrifice à l'industrie pour l'encourager. Or voici comment ce bénéfice ou plutôt ces primes d'encouragement seront réparties.

Le Gouvernement, qui possédera un relevé fidèle de la situation de la classe industrielle, statistique d'ailleurs dont il a besoin pour équilibrer les forces de la production avec les besoins de la consommation; le Gouvernement, dis-je, pour encourager l'industrie, vendra ses produits à ceux des producteurs qui auront proportionnellement employé le plus de bras, non-seulement au prix de revient général, mais encore à 1/5 ou 2/5 ou 2/3 au-dessous, sans y perdre, puisque ce sera à son prix de revient à lui, n'ayant payé la main-d'œuvre que 2/3 ou 2/5. Il pourra ainsi, dans les moments de crise, contribuer puissamment à relever l'industrie souffrante. Mais il est bien entendu que l'État ne saurait lui offrir cet avantage quand elle est prospère; car ce serait alors se suicider, ce serait s'imposer l'obligation de produire au bénéfice du manufacturier, qui, trouvant dans les ateliers du travail à se pourvoir au-dessous de son prix de revient, arrêterait sa propre fabrication pour jouir de cet avantage; il est bien entendu, dis-je, que ce sacrifice ne serait fait que pour soutenir ou pour relever l'industrie dans les moments de crise.

Dans les moments de prospérité, l'État vendrait ses produits au taux du revient général, et alors il serait forcé à la vérité de faire un bénéfice malgré lui; mais si l'on veut bien se rappeler que les ouvriers alors, vu la modicité des prix qu'ils trouveraient dans les ateliers de travail, les déserteraient pour se jeter dans ceux de l'industrie privée, on se convaincra que ce bénéfice sera d'autant plus minime que la production des ateliers publics sera plus languissante.

De cette combinaison il résulterait qu'il n'y aurait jamais chomage, ni pour les ouvriers, ni pour l'industrie privée; car d'un côté les ouvriers trouveraient toujours de l'ouvrage dans les ateliers publics, et de l'autre, l'industrie, dans les moments de crise, serait momentanément et jusqu'à un certain point remplacée par l'État, qui produirait pour elle et même à son avantage, puisqu'il lui remettrait ses produits avec un bénéfice de 2/5 ou 1/3 sur le prix de confection.

L'État, comme un tuteur vigilant, recevrait ainsi tour à tour les ouvriers et l'industrie sous sa protection éclairée. Semblable, mais dans un sens inverse, au lac Mœris, qui, dans les années d'abondance, recevait le trop plein du Nil pour le déverser sur les campagnes, dans les années de sécheresse; l'État, dans les moments de crise recevrait de l'industrie les ouvriers pour les lui rendre dans les moments de prospérité.

Ce qui ressortirait le plus de l'organisation du travail ainsi combinée, serait cette grande vérité, que dans les moments de perturbation, ce sont les ouvriers qui souffrent le plus, étant forcés de travailler au prix des ateliers publics, ce qui devrait leur faire détester les émeutes.

Il est inutile d'ajouter ici que cette organisation de travail doit être constamment dominée par cette considération, que les produits industriels tendant toujours à se développer au-delà des besoins de la société, le gouvernement doit, en déversant le trop plein de la classe industrielle sur la classe agricole, tendre constamment à maintenir l'équilibre entre les forces de la production et les besoins de la consommation.

Passons maintenant aux objections que nos adversaires se plaisent à tirer de la question pour nous combattre. Dans la crainte de voir consacrer le droit au travail et à l'assistance, les journaux qui représentent les opinions de l'aristocratie républicaine nous rappellent chaque jour, d'un côté, que la France est impuissante pour suffire à l'exercice de ces deux droits, et qu'elle doit se borner à faire des efforts; d'un autre côté, ils ajoutent que le droit au travail serait la ruine de la propriété; un, entre autres, *le Constitutionnel,* revient chaque sur ce thème chéri, et, voyez la bonne foi, tout en condamnant, tout en repoussant les doctrines socialistes de M. Prudhon, il se les associe, il les épouse; il se complaît à les anathématiser, et cependant il en fait la base de son opposition. M. Prudhon, dit-il, est un rêveur, un utopiste, un anarchiste. C'est vrai. Mais M. Prudhon a dit que le droit au travail était la ruine de la propriété; M. Prudhon est un profond penseur, M. Prudhon a raison. Quel profond raisonnement!

Mais ces raisons, me dira-t-on, ne sont que spécieuses. Soit, en voici de meilleures. On dit que la France n'est pas assez riche pour accorder le droit au travail; mais c'est l'opinion contraire qu'on devrait appuyer, puisque c'est dans l'exercice de ce droit que la France doit puiser sa force et sa grandeur. En effet, convient-on que le travail est une source de prospérité? Oui, sans doute, on ne saurait le nier. Eh bien, qu'on admette ce droit, qu'on augmente la somme des travailleurs, et on augmentera la somme des forces de la France, au lieu de les épuiser, comme on le prétend. Cette logique est bien simple. Ensuite ne viens-je pas de prouver, dans mon plan d'organisation du travail, que l'État, non-seulement se couvrirait de ses frais d'exploitation, mais qu'il serait même forcé de faire quelques bénéfices? Mais je suppose qu'il n'en ferait pas; je suppose même qu'il fût obligé à quelques sacrifices; que serait-ce, à côté des immenses avantages qui en résulteraient?

Quant au droit à l'assistance, qui se lie intimement au droit au travail, il sera d'autant moins onéreux pour l'État, que le droit au travail sera mieux organisé et plus développé. Cette vérité tombe sous le bon sens, puisque chaque membre de la société possédant un petit avoir, il n'y aurait plus, ou du moins bien moins de mendiants et de vieillards indigents.

Voyons si la seconde objection nous sera aussi facile à détruire que la première. Vous dites que le droit au travail est la ruine de la propriété. Eh bien, c'est encore la thèse contraire que vous devriez soutenir. En épousant les opinions de M. Prudhon, dont vous avez cependant repoussé avec horreur la proposition, vous ne voyez pas, ou plutôt vous ne voulez pas voir que, dans vos raisonnements, vous partez, comme lui, d'un faux principe, et que, tournant dans un cercle vicieux, vous arrivez, comme lui, à une fausse conclusion. Si vous eussiez fait ce simple raisonnement, que, le travail étant le père de la production, et par conséquent de la propriété, le prolétaire qui demande du travail demande à devenir propriétaire; que le propriétaire, en vertu de cette loi naturelle qui nous commande de ne pas faire aux autres ce que nous ne voudrions pas qu'on nous fît à nous-mêmes, est naturellement porté à respecter la famille et la propriété d'autrui, comme il veut qu'on respecte la sienne; si vous eussiez fait, dis-je, ce raisonnement, vous ne viendriez pas nous dire que le droit au travail détruit la propriété ; vous conviendriez, au contraire, que ce droit contribue puissamment à la consolider.

On ajoutera peut-être que cette propagation dans la nouvelle propriété chez les prolétaires ne saurait s'opérer qu'au préjudice de l'ancienne. Je répondrai qu'on part encore d'un faux principe ; que le travail étant la source de la prospérité, les nouveaux propriétaires puiseront leur richesse dans le produit de leur travail, et qu'enfin le droit au travail, au lieu d'atténuer, de détruire l'ancienne propriété, ne fera que la consolider en augmentant les forces et la richesse de la France.

Pour répondre aux autres objections qui pourraient nous être faites, faut-il dire que, dans tous les cas, les prétendues charges imposées par ce droit n'en seraient pas moins, dans les moments de crise, supportées par l'État, comme elles le sont depuis bientôt six mois, soit en travaux inutiles, soit on aumônes? Êtes-vous bien sûrs, si vous rejetez ce droit, si l'ordre social continue à rester ébranlé, si l'anarchie relève encore sa tête sanglante, êtes-vous bien sûrs que vous ne serez pas forcés de renouveler les sacrifices qui ont été faits, que vous ne serez pas dans la dure nécessité d'agir contrairement à ce que vous aurez décrété? Croyez-vous enfin que le peuple se contentera toujours d'aumônes?

Vous voyez bien, Citoyens, que les objections de nos adversaires ne sont pas soutenables, et qu'elles ne sont pas dictées dans l'intérêt de la République. Aussi vous les apprécierez à leur juste valeur en consacrant ce droit qui doit servir de base à notre constitution ; car, en consacrant ce droit, vous mettrez à jamais un terme aux luttes sanglantes qui ont déchiré notre belle patrie ; vous fermerez la plaie dont elle saigne encore et qui n'est pas sur le point de se cicatriser ; vous élèverez un rempart contre l'invasion des doctrines socialistes ; car de même qu'en fermant les clubs, vous avez ouvert la porte aux sociétés secrètes, de même en refusant ce droit, vous ouvririez la barrière aux systèmes socialistes qui travaillent déjà la société. En consacrant ce droit, vous paralyserez les efforts incessants des prétendants et des rois dont nous sommes entourés ; vous créerez, semblable à une arche d'alliance, un gage de réconciliation entre la classe bourgeoise et la classe des prolétaires. Rappelez-vous le danger que nous venons de courir ; rappelez-vous ce nombre considérable d'ouvriers qui, à la vérité, n'avaient pas pris part aux barricades, mais qui ne se rendirent dans leurs mairies que le dimanche au soir et le lundi, alors que le sort de l'insurrection était déjà décidé. En consacrant enfin ce droit, au lieu de raviver les haines, de soulever les passions, de fournir des prétextes aux ennemis de la République, vous calmerez les ressentiments, vous ramènerez la classe des bons travailleurs, et vous ferez ainsi rentrer la société dans son état normal.

Vous décréterez donc, Citoyens, le droit au travail, car vous le devez : le bonheur de votre pays vous le commande; vous le décréterez au nom de la justice et de l'humanité; vous le décréterez au nom de l'ordre social et de la morale publique; vous le décréterez au nom de la famille et de la propriété; vous le décréterez enfin au nom du bonheur de la France, et la France, plus tard, en bénissant votre nom, vous couvrira de sa reconnaissance.

BIBLIOTHÈQUE NATIONALE R.F. IMPRIMÉS

IMPRIMERIE CENTRALE DE NAPOLÉON CHAIX ET Cie, RUE BERGÈRE, 8.

33

www.ingramcontent.com/pod-product-compliance
Ingram Content Group UK Ltd.
Pitfield, Milton Keynes, MK11 3LW, UK
UKHW021019220726
13924UKWH00001B/80

9 782019 244507